AF355756

EDICT DV ROY,

PORTANT CREATION

EN TILTRE D'OFFICE DE
deux Conseillers Intendans particuliers des deniers communs & d'octroy
des Villes & Communautez de nostre Royaume en l'estenduë & ressort
de chacune des Eslections d'iceluy.

*Verifié en la Chambre des Comptes le 30.
Decembre 1628.*

A PARIS,
Par P. METTAYER, A. ESTIENE
& C. PREVOST, Imprimeurs &
Libraires ordinaires du Roy.

M. DCXXIX.
Auec Priuilege de sa Majesté.

LOVIS PAR LA GRACE DE DIEV Roy de France et de Navarre. A tous presens & à venir, Salut. Les demandes qui nous sont faictes de iour à autre, de nouueaux octroys de la continuation, & mesmes de l'augmentation des anciens concedez par nos predecesseurs Roys, à plusieurs Villes & Communautez de ce Royaume : Nous faisant cognoistre que les deniers qui sont prouenus iusques à present desdits anciés octroys n'ôt esté employez inutilement, & selon la destination d'iceux, ny pareillement les deniers patrimoniaux desdites villes, ausquels ceux desdits octroys ont esté adioustez pour suppleer au manque du fonds qui se trouué lors qu'il conuient faire quelques reparatiõs aux murs, portes ou chemins desdites Villes : Les plaintes aussi que nous receuons de ce que plusieurs Officiers des Eslections negligent le deuoir de leurs charges, laissent les chemins des bourgs & villages de leur ressort sans estre reparez, où bien s'ils les font reparer, ils constituent nos pauures subiects en de si grands frais & despences qu'ils surpassent le prix desdits ouurages : d'ailleurs lors qu'il

conuient faire des baux aux rabais pour les
reparations des grands chemins, pôts & paffages en des lieux efloignez des Bureaux de
nos Finances, les Maffons & autres ouuriers
defdits lieux qui les pourroient faire à bon
prix, n'ofent fe tranfporter efdits Bureaux
pour les grands frais & perte de leurs iour-
nees qu'ils fouffriroient en des voyages fi
efloignez de leur demeure, & pour l'incerti-
tude d'eftre adiudicataires defdits ouurages:
tellement que ne pouuant eftre adiugez qu'à
des maffons ouuriers des villes ou lefdits Bureaux font eftablis, fouuent il furuient des
monopoles, & par iceux les ouurages s'adiu-
gent au double prix de leur valeur : Et puis
font baillez par les adiudicataires à d'autres
ouuriers defdits lieux qui fe contentent de la
moitié dudit prix : En quoy Nous receuons,
& le public vn notable dommage & intereft,
eftant auffi impoffible aux Treforiers de Frá-
ce & Generaux de nos Finances, lors qu'ils
font leur cheuauchees de voir exactement
lefdits degats des chemins Royaux, & les reparations qu'il conuient faire pour le peu de
temps qu'i fejournent en chacune Efteion:
Nous auons eftimé qu'il feroit tres-vtile à
tous nos fubiects d'inftituer des Officiers qui
fuffent tenus & obligez de prendre cognoif-

sance de l'employ defdits deniers commis &
d'octroy, & de l'estat desdits chemins, ponts,
passages, chaussees & autres ouurages pu-
blics, des adiudications & reparations defdits ouurages. A CES CAVSES de l'aduis
de nostre Conseil où estoientaucuns Prin-
ces de nostre Sang, Officiers de nostre Cou-
rône & autres grands personnages d'iceluy,
& de nostre certaine science, plaine puissan-
ce & authorité Royale, NOVS AVONS par
le present Edict perpetuel & irreuocable,
creé & erigé, creons & erigeons en chef &
tiltre d'office formé, deux nos Conseillers
& Intendans particuliers des deniers communs & d'octroy des villes & communauté
de nostre Royaume, en l'estendue & ressort
de chacune des Eslections d'iceluy, pour y
estre des à present par Nous pourueu, & cy-
apres lors que vacation y escherra par mort,
resignation ou autrement, de personnes ca-
pables, pour par les pourueus desdits Offices prendre cognoissance de ce qui prouient
& prouiendra cy-apres desdits deniers com-
mun & d'octroy, & de l'employ d'iceux selon la destination qui en est faicte par nos
Lettres de concession & confirmation : Et à
ceste fin seront present aux baux à ferme qui
se feront d'iceux & deliurance des Commis-

fions pour faire la recepte des droicts qui
n'ont accouftumé de s'affermer , foit és Bureaux de nos Finances , Sieges ordinaires
de la Iuftice des lieux , Bureaux de nos Eflections où és Maifons de ville du reffort de
leurs charges : Et tenir rang & fceance apres
le premier & plus eminent des Officiers defdits Sieges ordinaires defdites Eflections, &
defdites villes. Comme auſsi aux baux aux
rabais qui fe feront pour reparatiõs de murs,
portes, ponts , pauez, chemins , paſſages,
chauffees & autres ouurages publicqs,& qui
fe feront en l'eftenduë de leur reffort, dont
le prix fe payera defdits deniers communs
ou d'octroy , où par les habitans des villes,
bourgs & villages par vne leuée particuliere,
& extraordinaire qui fe fera fur eux pour le
payemét defdits ouurages , comme auſsi feront tenus faire leurs cheuauchées en toutes
les Villes, bourgs & villages de leur charge
vne fois l'année pour vifiter les chemins,
chauffées, ponts & paffages qu'il conuiendra
reparer efdites villes, bourgs, villages & és
enuirons d'iceux, en dreffer procez verbal,
& en faire rapport aux Bureaux ou Sieges
qui ont accouftumé d'en cognoiftre, pour y
eftre pourueu en leur prefence, & auec leur
aduis : Et pour les reparatiõs & conftructiõs

des nouueaux ouurages qui seront à faire és
villes clauses, celuy desdits Intendans qui sera en exercice, où qui aura en son departe-
ment lesdites villes sera present auec les Officiers du corps d'icelles, s'il y en a, sinõ auec
les Iuges ordinaires pour les estimer & pro-
ceder à l'adiudication desdits ouurages auec
lesdits Officiers de ville ou Iuges ordinaires:
Et pour les salaires & vacations desdits Intendans, ils seront payez à raison de huict liures pour chacun iour qu'ils employeront
ausdites visitations & adiudications & receptions d'ouurages par les Receueurs des deniers communs desdites villes en leur deli-
urant leurs procez verbaux, contenant au
vray les iournées qu'ils auront employées
pour les rapporter à la reddition des Estats
& comptes desdits Receueurs, & seruir sur
les parties y employées pour lesdits salaires
& vacations, Et ne pourront lesdits Officiers de ville, Iuges ordinaires, ou Esleus va-
quer ausdites adiudications & receptions
d'ouurages, ne Baux à ferme, sans aussi que
l'Intendãt en exercice soit present ou deuëment appellé par significatiõ par escrit qu'ils
feront faire en son domicile par luy esleu en
la ville de l'Eslection, quinze iours aupara-
uant qu'il conuient faire les adiudications &

receptions : Et sera le domicile des Intendans inseré és regiſtres du Greffe deſdites Villes & Eſlections, Voulons en outre que leſdits Intendans tiennent regiſtre de tous les deniers communs & d'octroy qui se leuent & leueront par chacun an au profit des villes & communautez de noſtre Royaume, des lettres eſmanées de nous, ou de nos predeceſſeurs Roys, en vertu deſquelles leſdits deniers se prennent & leuét ſur nos subjects. Et ordonnons que toutes les années, & trois mois apres chacune d'icelles expirées les Receueurs des deniers communs rendront compte des deniers d'octroy & leuées extraordinaires, par vn brief eſtat à celuy des Intendans qui sera ſorty de charge, & qu'à la verification de leurs Eſtats generaux, leſquels ils preſenteront de trois ans en trois ans aux Treſoriers de France & Generaux de nos Finances au reſſort du Bureau deſquels ils exerceront leur charge, & à la reddition de leurs comptes en nos Chambres des Comptes, iceux Eſtats particuliers seront rapportez, à peine de raddiatió des gages, droicts & taxations deſdits Receueurs : Et pour les ouurages & reparations qui seront à faire ſur les grands chemins Royaux pour leſquels il se faict des le-

uées par chacune année, dont aucunes sont
comprises en nos Lettres de commission de
la grãde Creuë extraordinaire, & les autres
se font par nos Lettres & Commissions par-
ticulietes, lesdits Intendans particuliers les
visiteront, feront faire estimation en leur
presence des ouurages necessaires pour les
reparer, & en dresseront leurs procez verbaux, & les deuis qu'ils enuoyeront ausdits
Tresoriers Generaux de France, afin qu'en
faisant leurs cheuauchées ils recognoissent
la verité du contenu esdits procez verbaux,
& deuis, & procedent sur les lieux au bail au
rabais desdits ouurages, l'Intendant particulier present ou deuëment appellé : Et
d'autant que la plus grande partie des pea-
ges qui ont esté concedez aux Seigneurs
des villes, bourgs & villages, leur ont esté
accordez, à la charge d'entretenir bien &
deuëment lesdits grands chemins trauer-
sans leurs terres. Nous voulons que lesdits Intendans particuliers ayent soing que
lesdits Seigneurs entretiennent lesdits chemins, s'ils y sont tenus. Les pourueus desquels Offices presentement creez iouyront
des mesmes priuileges, immunitez, fran-
chises, libertez, exemptions de toutes tail-
les, taillon, creuës, & autres leuées & im-

positions dont iouïssent à present les autres
Officiers de nos Elections, suiuant nos
Edicts & Declarations en quelque lieu que
lesdits Officiers facent leur residence, mesmes des exemptions de toutes charges per-
sonnelles, comme de tutelle, curatelle,
commissions, & autres, à cause du soin con-
tinuel ou il seront occupez pour le bien du
public. Et où il suruiendroit des occasions
pour lesquelles ils eussent à estre ouys és
Bureaux de nos Finances. Novs voulons
qu'ils y ayent entree & seance apres toutesfois le dernier des Tresoriers de France:
En quoy faisant nous voulons aussi qu'en
toutes assemblees publiques & particulie-
res ils precedent tous nos Officiers des sieges Presidiaux, Bailliages, Seneschaussees,
Preuostez, Vicomtez, Elections, Greniers
à Sel, & des autres Sieges & Iurisdictions
subalternes, reserué les Presidens & Lieu-
tenans Generaux des sieges Presidiaux,
Bailliages, & Seneschaussees. Et outre
nous auons attribué & attribuons à chacun
desdits Offices d'Intendant particulier les
gages ordinaires par an contenus & decla-
rez par le menu en l'estat qui en sera arresté
en nostre Conseil, & enuoyé en nos Chambres des Comptes dans six mois, Lesquels

gages neantmoint ne pourront exceder en-
semble la somme de six vingts mil liures par
an , le payement defquels gages fe fera par
les Receueurs de nos·Tailles chacun en l'ã-
née de fon exercice des deniers de leur recepte efgallement par les quatre quartiers
de l'année , ainfi que les gages des autres
Officiers de nos Elleʊions,comme charges
ordinaires d'icelle. Et à cefte fin fera ledit
fonds defdits gages laiffé & employé dans
les Eftats de nos Finances au Chapitre des
charges ordinaires de nofdites Elleʊions,
à commencer en l'année prochaine. Et afin
que nous ne foyons furpris à l'aduenir és
conceffions des lettres d'oʊroy , & confirmation des anciennes, & que nous puiffions
eftre informez , où celuy auquel nous en
voudrons donner la charge & pouuoir lors
qu'il nous plaira des natures de deniers cõ-
muns & d'oʊroy de nofdites villes & communautez de la valeur de l'employ d'iceux,
Novs avons par le prefent Ediʊ du mef-
me pouuoir & authorité que deffus, creé &
erigé, creõs & erigeõs en chef & tiltre d'office formé vn noftre Confeiller & Intendant General des deniers communs & d'o-
ʊroy des villes & communautez de noftre
Royaume pour refider en noftre·Cour &

ſuitte, & y eſtre dés à preſent par nous pourueu de perſonne capable. Et ſi apres lors que
vaccation y eſcherra , le pourueu duquel
office ſera informé de temps à autre par leſdits Intendans particuliers des natures deſdits deniers de leur valeur par an, & de l'employ, Et lors que nos ſubjects deſdites villes,
& communautez deſireront obtenir quelque nouuel octroy, ou leuee extraordinaire
ſur eux , ou confirmation de leurs anciens
octrois, Novs voulons qu'ils preſentent
leurs lettres & pieces pour leſdittes confir-
mations audit Intendant General pour les
veoir & conſiderer, & s'il les trouue raiſon-
nables les ſignera en queuë, & pour les nou-
uelles conceſſions les Requeſtes des villes
& communautez nous en ſeront preſentees
en noſtre Conſeil, pour y eſtre pourueu en
cognoiſſance de cauſe. Et toutesfois auant
les preſentations deſdites Lettres & Requeſtes , noſdits ſubiects feront entendre auſ-
dits Intendans particuliers leurs pretentiõs,
deſpenſes, & voyages, leſquels informeront
ledit Intendant General ſur leurs demandes pour lors que les Deputez ou Procu-
reurs deſdites Villes & Communautez, &
les preſenteront eſtre plus certain du meri-
te d'icelles, & que nous ny ſoyons plus ſur-

pris, comme nous auons esté par cy deuant.
Voulons en outre que si ledit Intendant general desire cognoistre les receptes & despences qui auront esté faictes par les Receueurs des deniers communs & d'octroy desdites villes & communautez, qu'il luy soit
loisible de faire compter par estat pardeuãt
luy lesdits Receueurs, & que sur les estats
qu'il aura verifiez & arrestez les comptes
desdits Receueurs soient examinez & clos
en nos Chambres des Comptes, sans difficulté. Auquel Office d'Intendant general
nous auons attribué & attribuons quatre
mil liures de gages par an à prendre par les
mains de nos Receueurs Generaux de nos
Finances à Paris, des deniers de nostre recepte generale, esgalement par les quatre
quartiers de l'année accoustumez, comme
charge ordinaire de ladite recepte: Et à ceste fin lesdits gages seront employez d'ores-
nauant és Estats de nos Finances de ladite
Generalité: Tous les pourueus desquels
Offices creez par le present Edict seront re-
ceus, & presteront serment en nos Chambres des Comptes, soubs le ressort desque's
ils sont instituez, & non ailleurs. Prendront
neantmoins attache des Tresoriers Generaux de France sur leur lettres de prouision,

& feront icelles regiftrees au Bureau de l'Eflection de leur reftabliffement, à quoy ne fera apporté aucune difficulté, apres la reception en nofdites Châbres, Et pour l'exercice defdites charges d'Intendant particuliers, Nous permettons aux pourueus de les exercer alternatiuemét, ou feparer entre eux les Villes & Parroiffes de leur reffort, felon qu'ils verront pour le mieux, & mefmes à vne feule perfonne, de tenir & poffeder plufieurs defdits Offices, conioinctement fi bon leur femble : Et moyennant l'attribution defdites fonctions & exercice aux pourueus des Offices creées par le prefent Edict, Nous faifons inhibitions & deffences à tous nos Officiers des Sieges & Iurifdictions fufdittes, & tous autres de s'entremettre ny immiffer efdites fonctions, exercices, finon en la forme & maniere cy-deffus declarée, à peine de nullité, & de tous defpens dommages & interefts des pourueus defdits nouueaux Offices : Nonobftant les attributions qu'ils pretendroient leur en auoir efté faictes par les Edicts de la creatiõ de leurs Offices, Ordonnances, Arrefts & Reglements depuis interuenus, aufquels pour ce regard Nous auons dérogé & dérogons. Et parce qu'il importe au bien de nos affaires & feruice,

d'eftre promptement fecourus des deniers
que nous efperons receuoir de l'execution
du prefent Edict, & qu'il nous conuiendra
rechercher des perfonnes qui fe chargent
du debit dans nos Generalitez defdits Offices: Nous auons permis & permettons aux
porteurs des lettres de prouifion d'iceux
Offices, efquelles les noms & furnoms de
l'Officier fera en blanc, de iouyr par leur
quittances des gages defdits Offices, & les
faire exercer par Commiffion, iufques à ce
qu'ils en ayent difpofé. SI DONNONS
EN MANDEMENT à nos amez & feaux
Confeillers les gens de nos Comptes à Paris
& Rouen, Prefidens, Treforiers de France
& Generaux de nos Finances des Generalitez du reffort defdites Chambres, que le prefent Edict ils facent lire, publier & regiftrer,
& du contenu en iceluy iouyr plainement &
paifiblement les pourueus defdits Offices,
fans y faire aucune difficulté : Nonobftant
oppofitions ou appellations quelfconques:
Pour lefquelles & fans preiudice d'icelles,
ne voulons eftre differé: Dont fi aucunes in-
teruiennent: . Nous auons retenu, & à noftre Confeil la cognoiffance, & icelle inter-
dicte à tous autres Iuges & Officiers, Nonobftant tous Edicts, Ordonnances, Arrefts,

Reglemens au contraire : aufquels & à la
dérogatoire des dérogatoires y contenues:
Nous auons defrogé & defrogeons par ces
prefentes : CAR tel eft noftre plaifir : Et
afin que ce foit chofe ferme & ftable à touf-
iours, Nous auons faict mettre & appofer à
icelles noftre feel, fauf en autre chofe noftre
droict , & l'autruy en toutes. DONNE' à
Paris au mois de Decembre , l'an de grace
mil fix cens vingt-huict. Et de noftre regne
le dix-neufiefme. Signé, LOVIS. Et plus
bas : Par le Roy, DELOMENIE. Et feel-
lé en lacs de foye rouge & verte , de cire
verte.

Et plus bas :

*Leu, publié & regiftré en la Chambre des
Comptes , ouy & ce confentant le Procureur general du Roy , aux charges contenues en l'Arreft
de ce iour trentiefme Decembre , mil fix cens
vingt-huict.*

Signé,   *BOVRLON.*

*Collationné à l'Original par moy Confeiller
& Secretaire du Roy, & de fes Finances.*

www.ingramcontent.com/pod-product-compliance
Lightning Source LLC
LaVergne TN
LVHW050233180726
843501LV00013BB/3783